MAX IMBODEN

Staatsbild und Verwaltungsrechtsprechung

SCHRIFTENREIHE
DER JURISTISCHEN GESELLSCHAFT e.V.
BERLIN

Heft 13

Berlin 1963

WALTER DE GRUYTER & CO.

vormals G. J. Göschen'sche Verlagshandlung · J. Guttentag, Verlagsbuchhandlung
Georg Reimer · Karl J. Trübner · Veit & Comp.

Staatsbild
und Verwaltungsrechtsprechung

Von

Dr. Max Imboden

Professor an der Universität Basel

Festvortrag
anläßlich des zehnjährigen Bestehens des Bundesverwaltungsgerichts,
gehalten am 4. Juli 1963 in Berlin

Berlin 1963

WALTER DE GRUYTER & CO.

vorm. G. J. Göschen'sche Verlagsbandlung · J. Guttentag, Verlagsbuchhandlung
Georg Reimer · Karl J. Trübner · Veit & Comp.

Archiv-Nr. 2727637

Satz und Druck: Berliner Buchdruckerei „Union" GmbH, Berlin 61

Der Grund justizförmiger Überwachung des Staates

Die vielfachen Einbußen, die das Bild des freiheitlich-demokratischen Verfassungsstaates im zwanzigsten Jahrhundert erlitten hat und die es in diesen für Europa schicksalsschweren Jahren weiter erleidet, steht als hoffnungversprechendes Zeichen die Stärkung der dritten Gewalt gegenüber.

Die Wurzeln einer funktionell und institutionell verselbständigten Administrativjustiz gehen zwar weit ins vergangene Jahrhundert zurück. Deutschland kann heute das Centenarium seines ersten Verwaltungsgerichtes begehen; Österreich steht nicht weit vor der gleichen Zeitschwelle. Die V e r f a s s u n g s gerichtsbarkeit aber ist außerhalb des von der nordamerikanischen Union beeinflußten Rechtskreises im wesentlichen eine Frucht der mit dem ersten und dem zweiten Weltkrieg einsetzenden rechtsstaatlichen Bemühungen. Noch kaum je hat der Richter diese Fülle von Aufgaben vereinigt; noch kaum je ist er eine so starke politische Potenz gewesen. Nicht nur i m Staat das Recht zu wahren, ist ihm zur Aufgabe gesetzt; mehr und mehr wird der Richter dazu berufen, g e g e n die sichtbaren Träger der Staatsgewalt das Recht zu schützen. So beginnt sich, entsprechend der veränderten Gestalt der Rechtsschutz-Einrichtungen, das Strukturbild des Staates zu wandeln. In der verkürzten und noch schwer faßbaren Formel des „Richterstaates" setzt sich das Zeitbewußtsein mit der neuen Gegebenheit auseinander.

Eine spätere Epoche wird vielleicht erst zu erkennen vermögen, in welchem Maße der rechtsstaatliche Glaube dieser Zeit vom Vertrauen in den richterlichen Rechtsschutz getragen ist. Freiheit und richterliche Unabhängigkeit sind in engste Verbindung gebracht. Die durch das Wort „Rechtsprechung" ausgezeichnete Tätigkeit des Richters wird zum reinsten und für manche zum allein verpflichtenden Ausdruck der Rechtsidee.

Im Bewußtsein der heutigen Menschen bedeutet die Vorstellung von der Justizunterworfenheit des Staates eine tragende und beruhigende Gewißheit. Es ist, als ob damit eine dauernde Bedrohung abgewendet und ein schicksalhaft einbrechendes willkürliches Walten gebannt sei. Darüber freilich, welche Kraft in Bewegung gebracht ist, wenn die politische Gewalt so gründlich der Justiz unterworfen wird, herrschen wenig klare, jedenfalls aber zumeist nur vereinfachende Vorstellungen. Für viele reicht die Erklärung aus, die sich aus dem oberflächlichsten Verständnis der Gewaltentrennungslehre ergibt. Zum Vorteil des Bürgers — so will es dieses verbreitete Denkschema — wird die Staatsgewalt gebrochen; die eine Potenz hemmt die andere; der Richter als dritte Gewalt weist Regierung und Verwaltung in Schranken.

Wäre es richtig, daß die bloße Teilung der Macht stets auch deren Zügelung und Minderung bewirkte, dann wäre die Gewaltenteilung ein selbsttätiger Zauberschlüssel. Viele haben dieses Dogma nicht anders verstanden. Das läßt erkennen, in welchem Maße die geläufigen Vorstellungen der Staatslehre noch heute vom rational-naturwissenschaftlichen Denken des 17. und 18. Jahrhunderts erfüllt sind. Daß äußere Teilung eine Kraft mindert, ist ein Erfahrungssatz der physischen Welt. Im sozialen Bereich gilt anderes. Macht gehört nicht in die von Kausalitätsgesetzen beherrschte Welt. Macht ist in ihrer realen Substanz eine Erscheinung der menschlichen Psyche; sie bezeichnet die Möglichkeit, den Willen eines anderen zu lenken. Oboedientia facit imperantem (Spinoza). So wird die Anschauung, wonach die Justizunterworfenheit des Staates eine Garantie für Freiheit, für Recht und für Sicherheit birgt, aus ganz anderen Zusammenhängen begründet werden müssen als durch die bildhafte Analogie zu physikalischen oder pseudophysikalischen Vorgängen.

Es sind drei verschiedene Gedanken, die die Verfassungs- und Verwaltungsgerichtsbarkeit rechtfertigen und tragen. Diese dreifache Rechtfertigung der nämlichen Institution bedeutet aber nicht einfach eine Verstärkung des e i n e n Prinzips. Die verschiedenen Begründungen erschließen unterschiedliche Wege in der praktischen Gestaltung. Jeder Gedanke führt in seiner Isolierung zu einem anderen idealtypischen Aufriß justizförmiger Kontrolle der öffentlichen Gewalt.

Durchsetzung der Grundnormen

Eine erste Deutung versteht den Rechtsschutz als Mittel zur Durchsetzung und Verwirklichung der Grundnormen der Rechts-

ordnung. Dieser Gedanke bestimmt den anglo-amerikanischen
Rechtskreis. Der Richter schreitet ein, wenn er tragende Werte der
Rechtsgemeinschaft gefährdet sieht. Er macht sich zum Verwalter
und Gestalter der nach ihrem Inhalt rangmäßig übergeordneten und
höherwertigen Rechtsgedanken.

Diese Begründung der Rechtsprechung über Staat und Verwaltung ist im letzten an die Vorstellung einer z w e i s c h i c h t i-
g e n Rechtsordnung gebunden. Nicht allein das äußerlich vielfach
gestufte geschriebene Recht, die sichtbare lex scripta, macht das
Recht aus. Neben sie tritt eine andere Rechtsschicht, unvollkom-
men bezeichnet mit „Common Law" oder „Fundamental Law".
Zwar weist dieser übergeordnete Normbereich nicht schlechthin
den Charakter überpositiven Rechts auf; er manifestiert sich greif-
bar in Verfassung, Gerichtsgebrauch und Gewohnheit. Aber er gilt
doch als dem unmittelbaren Zugriff des staatlichen Normsetzers
entrückt. Es treten sich „law" und „statute", „ius" und „lex" oder
— um eine dem kontinentalen Verfassungsrecht vertraute Formel
aufzunehmen — es treten sich „Recht" und „Gesetz" gegenüber.
Gewiß sind beide Rechtsschichten in vielfältiger Weise verschlun-
gen. Aber es bleibt doch der Gedanke lebendig, daß die Rechts-
normen zwei verschiedenen Kreisen angehören. Sie zerfallen in
einen mehr dem positiven Recht und in einen mehr dem Natur-
recht zugewandten Bereich. Das vom sichtbaren Gesetzgeber
geschaffene Gesetz bleibt ohne hervorstechende Würde; es wird
nicht deutlich von den Einzelakten des Parlaments geschieden. Der
Schöpfer des geschriebenen Gesetzes unterliegt den begrenzenden
Einwirkungen der Gerichte nicht anders als der Rechtsanwender.
Der Richter ist der Hüter der dauernden, der umgreifenden und der
dem staatlichen Normsetzer entrückten Rechtsgedanken. Er wird
tätig, um die Grundnormen der Rechtsgemeinschaft durchzusetzen,
um ihnen Effektivität und Vorrang zu verleihen. Er wird zum Arm
einer höheren Gerechtigkeit.

Bei dieser Rechtfertigung der Staats- und Verwaltungsgerichtsbarkeit liegt es nahe, die Zulassung der justizförmigen Rechtsbehelfe in weitem Maße dem Richter anheim zu stellen. Ein fester
Anspruch auf Behandlung seiner Vorbringen ist dem das Gericht
anrufenden Bürger nicht oder nur zurückhaltend gegeben. Der Richter gewährt Zugang mit dem Blick auf das Gewicht der Sache; er

mißt Wert und Bedeutung der mißachteten allgemeinen Rechtsgedanken.

Die Sicht, die den Richter über Staat und Verwaltung zum Ver-
mittler und Hüter überpositiven Rechts erhebt, bleibt tief der
großen Rechtsüberlieferung unseres Kulturkreises verhaftet. Sie
schlägt die Brücke zum ewigen Gedanken des Naturrechts. Sie
verankert das moderne konstitutionelle Denken in den Rechts-
anschauungen des Mittelalters und der Antike. Die Verfassungs-
und Verwaltungsrechtsprechung erscheint als das prätorische Recht
unserer Zeit. Zugleich aber klingt ein Gedanke an, der unsere
Geschichte in vielfältiger Weise bewegt hat: die Idee des Wider-
standsrechtes. Wenn tragende Rechtswerte bedroht sind, weist der
Richter den Herrscher in Schranken.

Sicherung des Gesetzesvorranges

Eine zweite Ausprägung des Rechtsschutzgedankens bleibt bestimmt durch die Gegenüberstellung von Regierungsgewalt und
Gesetz. Das Gesetz gewinnt erhöhten Rang und besondere rechtsstaatliche Würde; in ihm drückt sich die Einheit allen Rechtes aus.
Es wird aus dieser Sicht nur eine einzige den Staat und den Bürger
verpflichtende Rechtsquelle anerkannt: die von der Autorität
des sichtbaren Gesetzgebers geprägte lex. Mit überpositiven Rechtswerten im Sinne eines kritischen Maßes ist allein die gesetzes-
schaffende Legislative, nicht aber der gesetzesverwirklichende Richter konfrontiert.

Das Hinwenden zum Gesetz bedeutet freilich nicht, wie es im
Kampf mit einem positivistischen Zerrbild gesagt wurde, die Ab-
sage an eine wertbezogene Rechtsbetrachtung. Das Gesetz selbst
wird zum Inbegriff des Werthaften, nicht anders als es zugleich
Ausdruck eines festgeformten Staatswillens ist. Der Gedanke des
Naturrechts und das willensmäßig formende Element des Statuts
verbinden sich zur Ganzheit. Das Gesetz ist zugleich sittlich geläu-
terte Norm wie ordnende Maßnahme. Es bleibt freilich in beiden
Bedeutungen den ihm durch den staatlichen Gesetzgeber vermit-
telten Wert- und Zielsetzungen verhaftet.

Als werthaft geprägter und normgebundener Wille wird das
Gesetz zugleich zur S c h r a n k e d e s P o l i t i s c h e n. Es tritt
der als ungebunden gesehenen, frei nach dem Nutzen der Ge-

meinschaft handelnden Regierungsgewalt gegenüber. In dieser Beschränkungsfunktion nimmt freilich das Gesetz nicht die gesamte Staatstätigkeit auf; immer bleibt ein erheblicher Restbestand an normativ nicht eingefangenem hoheitlichem Walten zurück. Diese dauernde Spannung von Gesetz und Regierungsgewalt ist dem vor einem Jahrhundert durch O t t o B ä h r gültig formulierten Rechtsstaatgedanken zugrunde gelegt. „Für die Regierungsgewalt" — so schreibt der Verfasser des „Rechtsstaates" — „bilden Recht und Gesetz nur die äußere Schranke einer mehr oder weniger freien Tätigkeit." Die Verwaltung ist somit ihrem Wesen nach niemals nur gesetzesakzessorischer Normvollzug; sie hat das Gewicht einer ursprünglichen Eigenfunktion. Das Gesetz fängt das ungebundene Walten des Staates in ein unterschiedlich dichtes Netz von objektivierten Normen ein. Der Richter bestätigt diese Bindung. Er wird zum Wahrer des Rechtes gegenüber der nach anderen Maßen wirkenden und gestaltenden Regierung; er sichert den Gesetzesvorrang. Immer dann kann der Richter angerufen werden, wenn gegen Gesetzesschranken verstoßen ist. Es wird in diesem System zur Selbstverständlichkeit, daß dem Betroffenen ein unabdingbarer Rechtsanspruch auf Behandlung der gegen den Staat gerichteten Klage zusteht.

Diesem zweiten Bild institutionalisierter Rechtsunterworfenheit des Staates folgt die vor einem Jahrzehnt in der Bundesrepublik verwirklichte Verwaltungsgerichtsbarkeit. Der Weg der verwaltungsgerichtlichen Klage ist allen geöffnet, die sich in einer durch das Gesetz gewährten Rechtsstellung beeinträchtigt sehen. Durch ihren dreistufigen Aufbau sind die Verwaltungsgerichte zum Spiegelbild der ordentlichen Gerichte geworden. In einem von oben nach unten geführten Schnitt sind aktive Verwaltung und Verwaltungsgerichtsbarkeit getrennt. Dem hierarchisch gestuften Verwaltungskörper tritt der in Rechtsmittelstufen geschiedene Justizkörper gegenüber. Im einen ist das Recht zu Hause und im anderen das ursprünglich ungebundene Wirken beschränkender Ordnung und helfender Fürsorge. In der schöpferischen Aktivität der Verwaltung und in der sie begrenzenden und mäßigenden Kraft des Rechts, im Gegeneinander und Miteinander dieser b e i d e n Kräfte, liegt der dialektische Grundrhythmus der Rechtsverwirklichung. Verwaltung und Justiz werden zu Repräsentanten einer den Staat erfüllenden Grundspannung.

Verwirklichung einer einheitlichen Ordnung

Die dritte Grundform der den Staat bindenden Gerichtsbarkeit ist dem Gedanken der inneren Einheit allen Ordnens verpflichtet. Die Spannung von normativ freier, zweckbezogener Gestaltung und von gesetzesgebundener Rechtsverwirklichung ist gelöst. J e d e s auf Behandlung des Einzelfalles gerichtete behördliche Handeln wird in einem vertieften Sinn als Normverwirklichung verstanden. Ein funktioneller Unterschied von Verwaltung und Justiz besteht letztlich nicht. Die Norm ist umfassendes Ordnungselement; sie ist die Ratio allen staatlichen Handelns. Nur nach Maßgabe der Norm und nur auf Grund der Norm vermögen Verwaltungsbehörden und Gerichte tätig zu werden. Die aktive Verwaltung erhält justizförmige Züge. Die Verwaltungsgerichtsbarkeit bringt die bloße Fortführung der Verwaltungstätigkeit vor qualifiziert unabhängigen Behörden. Im Rechtsschutz verwirklicht sich die Einheit der äußeren Ordnung. Der Richter beschließt den Instanzenzug.

Wird der Richter in dieser Weise zum Garanten einer monistisch verstandenen, einer als Einheit begriffenen Ordnung, dann wird nach einem wesentlich anderen organisatorischen Aufriß der Verwaltungsgerichtsbarkeit verlangt, als er im anglo-amerikanischen Rechtskreis oder in der Bundesrepublik Wirklichkeit ist. Das Verwaltungsgericht wird als letzte Instanz der aktiven Verwaltung übergeordnet. Der Beschwerdegang innerhalb der Verwaltung mündet in den Rekursweg an das Verwaltungsgericht ein. Verwaltungsweg und Rechtsweg sind nicht qualitativ geschiedene Rechtsbehelfe. Wie der Rechtsweg als Fortsetzung des verwaltungsinternen Beschwerdeweges verstanden wird, so wird auch das Verwaltungsverfahren dem nachfolgenden Gerichtsverfahren angenähert.

Diesem Gedanken der inneren Einheit von Verwaltung und Verwaltungsrechtsprechung war in seinem Ausgangspunkt vor allem das französische Recht verpflichtet. Der „contentieux administratif" wurde als eine Spielart der Administration verstanden. Der „Conseil d'Etat" ist Symbol eines umgreifenden staatsbetonten Ordnungsprinzips. Eine monistische Anschauung hat auch das österreichische Recht geprägt. Gemäß einer weit in die Geschichte der Donaumonarchie zurückgehenden Überlieferung sowie unter dem Einfluß der reinen Rechtslehre hat Österreich stärker als jedes andere Land die aktive Verwaltung justizähnlich gebunden.

Auf nochmals anderer Grundlage hat sich in der Schweiz ein nach
Einheit strebendes Ordnungsdenken geformt. Die konsequente
Verwirklichung der genossenschaftlichen Volksherrschaft ließ es
nicht zu, Gesetz und Regierungsgewalt in einer unversöhnlichen
Spannung zu sehen. Politisches und rechtliches Ordnen wurden
fest ineinander verwoben. Verwaltung wie Justiz sind in die Stellung volksgebundener Verwirklicher volksnahen Rechtes gebracht.

Der Standort der deutschen Justiz

So haben drei Gedanken drei Grundformen der Justiz über die
öffentliche Gewalt geprägt:

Der Richter kann — erstens — als W a h r e r d e r g e r e c h -
t i g k e i t s b e z o g e n e n G r u n d n o r m e n berufen sein. Er
wird Gestalter einer unmittelbar aus der Rechtsidee gewonnenen
Anschauung des Richtigen und Guten. Dieser materiellen Gerechtigkeit folgt der Richter in vielfältig verschlungenen, der klaren
Systematik entbehrenden Rechtsbehelfen, das geschriebene Recht
interpretierend, fortgestaltend und ergänzend, ja es umdeutend
oder offen verwerfend. Staatswille und Rechtsidee sind einander
sichtbar gegenübergestellt. Der Aufriß der staatlichen Grundgewal-
ten, die Gegenüberstellung von machtverwaltenden Behörden auf
der einen und Justiz auf der anderen Seite wird Abbild der Anti-
nomie von zeitgebundenem Gestalten und überzeitlichem gerech-
tigkeitserkennendem Urteilen.

Der Richter kann — zweitens — G a r a n t d e s s t a a t l i -
c h e n G e s e t z e s sein. Im Gesetz ist die im ersten Justizbild
offen klaffende Spannung von Rechtsidee und Staatswille gelöst.
Zum Gegenpol der unter richterlicher Kontrolle das Gesetz nach-
vollziehenden Verwaltung wird das normativ nicht eingefangene
freie Walten der Herrschaftsträger. Eine Kluft ist aufgerissen zwischen dem gesetzlich bestimmten und dem nur zweckbezogen-poli-
tisch motivierten Tun des Staates. Das Gesetz und dessen Garant,
die Justiz, verkörpern das normierend-begrenzende Prinzip.

Der Richter kann — drittens — im Bereich der verwaltenden,
der eingreifenden wie der vorsorgenden Staatstätigkeit, zum
eigentlich V o l l e n d e r e i n e s a l s E i n h e i t v e r s t a n -
d e n e n ä u ß e r e n G e f ü g e s werden. Politisches Gestalten
und rechtliches Begrenzen fließen in e i n e n Ordnungsgedanken

zusammen. Im Bilde der einstufigen verwaltungsübergeordneten Administrativgerichtsbarkeit schafft sich dieser Gedanke sichtbaren Ausdruck; das Gericht bildet den Abschluß eines vielfältigen Systems von Rechtsbehelfen und Kontrollen.

Die Dreiheit der Grundformen läßt den Standort der deutschen Administrativjustiz erkennen. Die e i n e typische Ausprägung des Gedankens justizförmiger Kontrolle der öffentlichen Gewalt läßt sich als die spezifisch deutsche kennzeichnen. Anknüpfend an alte Bilder eines Dualismus von Herrschermacht und ständischer Kontrollgewalt ist die deutsche Verwaltungsrechtsprechung aus dem Gedanken der Legalitäts-Sicherung entstanden. In einem geschlossenen prozessualen System werden Verwaltung und Regierung an das Gesetz gebunden. Aber mit dieser einfachen Einordnung kann es nicht getan sein. In einer vertieften Standortbestimmung erscheint es nicht minder wesentlich, die Beziehung zu den beiden anderen Ausprägungen des Richterstaates zu erkennen.

Preisgabe der Ordnungs-Einheit

Der negative Hinweis sei vorangestellt. Jenes Idealbild, von dem gesagt werden kann, es sei einem monistischen Ordnungsgedanken verpflichtet, steht weitab von der staatsrechtlichen Wirklichkeit der Bundensrepublik. Ich möchte meinen, daß diese Ausprägung der Rechtsstaatsidee früheren Epochen der jüngeren deutschen Verfassungsgeschichte um vieles näher lag. Sie klingt an in einzelnen Partien des vielfältigen Werkes R u d o l f v. G n e i s t's — so wenn darin die Hoffnung auf eine vom Verwaltungsrichter geförderte „gegenseitige Durchdringung von Staat und Gesellschaft" ausgesprochen wird. Die Idee einer umgreifenden, das Gegensätzliche einbeziehenden Ordnung ist in dieser Zuversicht eingeschlossen.

In der hohen Zeit konstitutionellen Gestaltens brach dieser Gedanke einer einheitlich begründeten äußeren Ordnung immer wieder durch. Das mußte auch stets von neuem an der von der damals herrschenden justizstaatlichen Lehre verkündeten Auffassung über die Rolle des Richters Zweifel wecken; im Grunde bleibt diese justizstaatliche Sicht der Gerichtsbarkeit eben noch bloße Gegenthese zum staatlichen Absolutismus. So ist das Bild des Richters in der klassischen konstitutionellen Aera ein unsicheres und schwankendes. Zumeist folgt es der justizstaatlichen Deutung, die den Richter als den begrenzenden Widersacher politischen Gestaltens sieht. Bald aber, wenn auch zögernd und unsicher, wird im Administrativgericht ein oberster Vollzieher einer geschlossenen äußeren Ordnung gesehen oder doch erahnt. Dieser Zwiespalt setzte sich bis in die Weimarer Zeit fort. Er bietet mit eine Erklärung dafür, daß es in den deutschen Ländern früher nicht gelang, Gestalt und Stellung der Verwaltungsgerichte auch nur einigermaßen übereinstimmend festzulegen.

Heute ist die Ungewißheit über Funktion und Aufriß der Administrativjustiz beseitigt. Der Verwaltungsrichter ist begrenzende Gegenkraft. Er verkörpert primär nicht ein die Einheit der Ordnung bekräftigendes Prinzip. Er ist Vollzieher und Verwirklicher des Gesetzes. In seiner gesetzesbestätigenden Funktion wird er zum Gegenpol des freien Wirkens der Verwaltungsträger. Nicht nur prozessual ist der Verwaltungsrichter fest auf diese Rolle verpflichtet. Sie wird auch durch die weitgeführte sachliche Aufgliederung des Justiz-Körpers unterstrichen. Sobald aus dem Streit über Eingriff oder Leistung der Verwaltung ein vermögensrechtlicher Ersatzstreit wird, sind — anders als es eine neueste Entwicklung in der Schweiz will — die ordentlichen Gerichte zum Entscheid aufgerufen. In bedeutsamen Bereichen sind sodann vom allgemeinen Verwaltungsrechtsweg besondere administrative Rechtswege abgezweigt. Die Finanzgerichtsbarkeit, die Sozialgerichtsbarkeit und die Dienst- und Berufsgerichtsbarkeit bleiben institutionell verselbständigt. Diese Aufspaltung zeigt an, daß das Bestehen einer justizförmigen Gesetzessicherung der bestimmende Gedanke bleibt und daß die Wahrung eines festgeordneten und geschlossenen G e s a m t g e f ü g e s jedenfalls nicht beim Verwaltungsrichter liegt.

Scheidung von Verfassungs- und Verwaltungsgerichtsbarkeit

Noch entscheidender aber ist die Stellung der heutigen deutschen Verwaltungsgerichtsbarkeit dadurch geprägt, daß sie von einer weit ausgreifenden Verfassungsgerichtsbarkeit überdeckt ist. Der Verfassungsrichter ist Wahrer der Grundnormen; er verkörpert ein anderes Justizbild; er ist der unmittelbar den letzten Rechtswerten verpflichtete Richter.

Die Ausgestaltung der deutschen Verfassungsjustiz bekräftigt erneut und gewissermaßen aus dem Gegenbild die den Verwaltungsgerichten zugedachte Funktion der Gesetzessicherung. Das Gesetz, das Bundesgesetz jedenfalls, bleibt für den Administrativrichter unverrückbar. Die Gesetzesprüfung bleibt dem für konstitutionelle Streitfragen eingesetzten besonderen Gerichtshof vorbehalten. Auch die Verfassungsbeschwerde ist verfahrensmäßig dem Rechtsweg an die obersten Bundesgerichte nachgeordnet. In der Schweiz, wo die Verfassungsbeschwerde vor einem Jahrhundert erstmals auf dem europäischen Kontinent entstanden ist und wo sie heute vielleicht die weitestgehende Durchformung erhalten hat, bleibt die Anrufung des Verfassungsrichters in selbstverständlicher Weise ausgeschlossen, wenn der Weg an den obersten Verwaltungsrichter offensteht. In Österreich verdrängte umgekehrt die Verfassungsbeschwerde die Beschwerde an den Verwaltungsgerichtshof. Wenn die Bundesrepublik von diesen Vorbildern abwich und die beiden Rechtsbehelfe einander folgen ließ, so wollte sie damit die überhöhte Stellung des Wahrers des Grundgesetzes unbedingt gesichert wissen. Verfassungs- und Verwaltungsgerichtsbarkeit, die Institution zur Durchsetzung der Grundnormen und die Institution zur Sicherung des Gesetzesvorranges, sollten sichtbarer als in jeder anderen Rechtsordnung getrennt bleiben. Die beiden Justizformen wurden auf andere Ebenen gerückt.

Über die bewußt gezogenen Schranken hinweg bleibt freilich eine starke, zunächst wenig beachtete, heute aber durch die Rechtsprechung des Bundesverwaltungsgerichtes eindrücklich offenbar gewordene Brücke von Verfassungs- und Verwaltungsgerichtsbarkeit bestehen. Kein Gesetzgeber vermag diese Verbindung zu lösen, weil sie außerhalb des Organisatorischen steht. Sie hat ihren Grund im materiellen Recht, im besonderen in den allgemeinen Lehren des Verwaltungsrechtes. Die Bildung einer generellen administrativen Prizipienlehre wird wohl für immer als eine der großen Taten deutscher Rechtswissenschaft anerkannt bleiben. Sie hat deutsche Rechtsgedanken weit über die nationalen Grenzen hinausgetragen. Man mag den Bestand allgemeiner verwaltungsrechtlicher Lehren mit Fug als das geschlossenste System eines in der neueren europäischen Rechtsgeschichte entstandenen Gelehrtenrechtes bezeichnen. In anderer Weise hat sich darin der Gedanke

S a v i g n y's, die in die schöpferische Kraft der Jurisprudenz ge-
setzte hohe Erwartung erfüllt.

Ohne das durch die allgemeinen Lehren gesicherte materielle
Fundament der Rechtsprechung wäre die organisatorische Verselb-
ständigung der Verwaltungsgerichtsbarkeit kaum möglich geworden. Die vielfach allzu schlichte Einkleidung der allgemeinen Leh-
ren des Verwaltungsrechtes entspricht nicht ihrem inneren Gewicht.
Oft nur als behelfsmäßige Kategorien rechtswissenschaftlichen
Systematisierens oder als Elemente begrifflicher Verknüpfung verstanden, beinhalten diese Prinzipien in Wirklichkeit grundlegende
Wertsetzungen. Sie sind primäre Orientierungspunkte für die Ab-
wägung und Grenzziehung des Einzelinteresses und des öffentlichen
Interesses; sie legen in weitem Maße die Handlungsformen der
Verwaltung fest; sie begründen eine innere Rangordnung der
Anliegen und Ansprüche der Allgemeinheit. Damit greifen die
allgemeinen Lehren des Verwaltungsrechtes selbst über den Rang
von „principes généraux du droit" hinaus. Sie sind indirekter Ausdruck verfassungswesentlicher Entscheidungen. Ja sie gewinnen in
vielen Fällen — in der Durchformung des Legalitätsprinzips, im
Verbot des Übermaßes, in der Lehre der öffentlichrechtlichen Be-
schränkungen — offenen Verfassungsrang.

Mehr und mehr setzt sich diese Erkenntnis in Jurisprudenz und
Rechtsprechung durch. Die allgemeinen Lehren streifen ihre histo-
risch bedingte Einkleidung, das vielfach verwirrende pandektische
Gewand ab; sie geben ihren werthaften Kern frei und stellen sich
offen als Folgerungen aus Verfassungsgrundsätzen dar. Zum Teil
auch werden sie vom gesetzlich verankerten Verfahrensrecht auf-
genommen. Ohne wesentliche Wandlung ihrer Substanz erhalten
sie damit eine gänzlich andere rechtssystematische Einordnung und
Begründung.

Gehören aber die allgemeinen Lehren des Verwaltungsrechtes
mit zu dem vom Administrativrichter zu wahrenden Recht, dann
heißt dies, daß in der Verwaltungsgerichtsbarkeit — über die
erkennbare Bindung an Grundrechte und andere Verfassungsmaxi-
men hinaus — ein Stück lebendiger und wirklicher Verfassung
Gestalt gewinnt. In diese Rolle hat sich das Bundesverwaltungsgericht mit Zurückhaltung in der Form, aber mit Mut in der Sache
eingefügt. Für denjenigen, der die deutsche Ordnung von außen
sieht, mag zunächst der Eindruck der Zurückhaltung überwiegen.

Es erscheint ihm zum Beispiel als ein ungewohnter Umweg, wenn die allgemeinen Lehren des Verwaltungsrechtes im Revisionsverfahren unter die Flagge des „Gewohnheitsrechtes" gebracht werden. Aber diese kaum entsprechende Deklarierung ist außerhalb des engen Rahmens des Prozeßrechtes ohne Folgen geblieben. Hält man sich an die Sache und nicht an die Bezeichnungen, dann zeigt es sich, daß der Verwaltungsrichter das Grundgesetz selbständig und kraftvoll ausschöpft. Er hat sich durch die Nachordnung der Verfassungsbeschwerde in nichts gehindert gesehen. So möchte ich in der Mitkonkretisierung der Verfassung eine der wesentlichen Aufgaben der Verwaltungsgerichtsbarkeit überhaupt erkennen.

Differenzierung der Justiz

So ist, wenn wir den Blick auf das Ganze richten, der justizmäßige Aufriß der Bundesrepublik durch einen doppelt überwölbenden Rechtsschutz gekennzeichnet. Zwei scharf profilierte Bilder des Richters stehen, wachend und wahrend, begrenzend und gewährend, über den ordnenden und gestaltenden Verwaltungsträgern.

In einem ersten Schritt verwirklicht sich der unbedingte Vorrang des Gesetzes. Das Gesetz wird zum festen Maß des staatlichen Handelns. Die eingreifende und in weitem Umfange auch die vorsorgende Verwaltung wird in ein dichtes Netz richterlich gesicherter Maximen eingefangen. Das freie politische Walten zerbricht an dem durch Richterspruch gesicherten Normgefüge. Die Gleichförmigkeit des rechtlichen Maßes ist gesichert.

Durch einen zweiten Schritt wird das in seiner Gesetzmäßigkeit gesicherte Handeln mit den tragenden Werten des Rechts konfrontiert. Die Rechtsidee in ihren durch den Verfassungsgesetzgeber geöffneten Ausblicken tritt als kritisches Maß den sichtbaren Anordnungen und Entscheidungen gegenüber. Die auf der ersten Stufe gesetzesgebundenen Urteilens unbedingt verwirklichte legale Gleichförmigkeit findet ihre Begrenzung; erst damit wird sie zur Gleichheit im höheren Sinn. Unter Berufung auf letzte Wertsetzungen erhält der Verfassungsrichter die Freiheit, das festgefügte Netz des Gesetzes zu erweitern oder durch neue Differenzierungen zur verfeinern. Aus einer inhaltlichen Rangordnung wird die gleichförmig abgestufte Norm berichtigt. Damit erfüllt sich ein Bild der Rechtsprechung, wie es in einer kühnen Vision schon Montesquieu gezeichnet hatte. In oberster Instanz soll das Gesetz im höheren Anliegen des Rechts kritisch geprüft und, wo es notwendig wird, neu geprägt werden.

Kein anderer Staat kennt einen in gleicher Weise vielfältigen institutionellen Aufriß der Rechtsprechung. Überall erscheint das System der Rechtsbehelfe gedrängter, der Grundgedanke des Rechtsschutzes einförmiger und das Gegensätzliche näher beieinanderliegend. Die Bundesrepublik hat den komplexen Prozeß der Rechtsverwirklichung in ihrem vollen Spannungsreichtum sichtbar gemacht; sie hat eine größtmögliche Differenzierung des Vorganges rechtlichen Entscheidens und Urteilens angestrebt.

Es ist, als ob im Aufriß der deutschen Jurisdiktion das geheimnisvolle Buch, das über den verborgenen inneren Zwiespalt des Rechtes Aufschluß gibt, vor jedermanns Auge voll geöffnet läge. Denn das Recht birgt alles zugleich: das Handeln nach dem Nutzen der Gemeinschaft (oder kurz: das Politische) wie das Abwägen nach der überzeitlichen Idee des Gerechten, den harten zwangsbewehrten Willen des Staates wie den zerbrechlichen Geltungsanspruch des Guten und Richtigen, das strikte Maß des Gleichförmigen wie die durch den Rang der Werte verlangte Abstufung, das Streben nach Einheit wie die breite Entfaltung des innerlich Gegensätzlichen. Alle diese Elemente und alle diese spannungsschaffenden Pole menschlichen Ordnens sind in Deutschland durch den kunstvollen Aufriß der rechtsprechenden Gewalt sichtbar nach außen gekehrt. Sie sind bildhaft eindrücklich einzelnen Instanzen zugeordnet. Der Prozeß der die Instanzen in Beziehung setzt, der sie gegeneinander und miteinander handeln läßt, wird damit zum Abbild der Rechtsverwirklichung. Die Dynamik des Geschehens, in dem verwaltende Handlungen, Entscheidungen und Urteile hervorgebracht werden, ist im institutionellen Aufriß als Leitbild täglichen Erlebens faßbar gemacht. Das Bild der deutschen Justiz in ihrem mehrschichtigen äußeren Gefüge wird zum Spiegel der inneren Vielfalt des Rechts. Das Recht ist in das Strukturbild der Gewalten umgesetzt und zum integrierenden Symbol der sozialen Gemeinschaft erhoben.

Justizbild und Staatsbild

Mit Worten tiefen Verstehens hat R u d o l f   S m e n d vor anderthalb Jahren das Werk des Bundesverfassungsgerichtes gewürdigt. Er sieht den bei der Verwirklichung der Verfassungsjustiz gezeigten kraftvollen Aufbauwillen als ein gutes und ermutigendes Zeichen auf dem Wege zur Wiedergewinnung eines neuen konstitutionellen Bewußtseins. In Weiterführung dieses großen Gedankens mag ausgesprochen sein, daß sich das reich differenzierte Bild der deutschen Justiz — der Verwaltungsjustiz vor allem — als Zeuge eines tiefen Ringens um die Wiedergewinnung der Rechtsidee darbietet.

Vielleicht war das Streben nach Wiedergewinnung der Rechtsidee stärker als das Streben nach Wiedergewinnung der politischen Form. Daß der Zusammenbruch Deutschlands diese Wahl treffen ließ, daß das gestaltende Bemühen vor allem der Stärkung des Rechtsgedankens galt, war durch das nationale Schicksal vorgezeichnet. Und doch ist die innere Festigung und die äußere Hervorhebung der dritten Gewalt nicht nur eine für die Bundesrepublik gültige Erscheinung; sie ist es hier freilich in ganz besonderem Maße. Zugleich aber drückt sich in ihr eine allen westlichen Völkern eigene Wandlung aus. Diese Wandlung hat freilich nicht nur leuchtende Kraft, sie weist auch Gegenbilder auf.

Das Hinwenden zum Richter, die Aufwertung der richterlichen „auctoritas" geht zusammen mit einem allgemein und überall feststellbaren Strukturverlust des Politischen. Das pluralistisch aufgesplitterte Gefüge hat in der jüngsten Epoche eines in der Wirtschaftsgeschichte einmaligen ökonomischen Aufschwunges immer ausgesprochener den Charakter eines selbsttätigen Mechanismus gewonnen. Allen Gruppen konnte ständig mehr gegeben werden. Trotz der Vielfalt der Begehren entstanden keine bis aufs letzte angespannten Unvereinbarkeiten. Weil die Größe, an deren Verteilung die Gruppen teilhaben, ständig wuchs, sah sich der Staat in weitem Maße der Last enthoben, durch Würdigung und Wertung der Interessen, d. h. durch politisches Entscheiden die eine Gruppe der anderen hintenanzustellen. Das ständige Wachstum des Sozialproduktes vermied eine wirklich bedrängte Verteilungs-Situation. Mit der Formel des „mehr", mit dem einigermaßen selbsttätigen Ablauf gleichmäßigen Nachgebens konnten zumeist alle befriedigt werden.

Entbehrte die Verteilung zwischen den Gruppen der politischen Härten, so blieb freilich noch die Verteilung des Gruppenanteils auf den Einzelnen zu vollziehen. In diese zweite Verteilungsrunde ist heute wesentlich der Richter eingeschaltet. Er sichert dem Einzelnen innerhalb der vom Gesetzgeber getroffenen Gruppenaufschlüsselung das suum cuique. So zeichnet sich in der Stärkung der Justiz innerhalb des modernen Verteilungs- und Fürsorgestaates zugleich eine Schrumpfung des politischen Entscheidungsraumes ab. Der starke Richter wird Begleiterscheinung einer drohenden Apolitie.

Aber diese Feststellung soll keine Infragestellung des Geleisteten bedeuten. Es hat seinen tiefen Sinn, wenn die Bundesrepublik vielleicht ihre stärksten Kräfte dem Wiederaufbau der Justiz zuwandte. In Verwirklichung dieses Zieles holte sie gleicherweise nach der Vergangenheit wie nach der Zukunft aus. Die in den sich folgenden Epochen rechtsstaatlichen Denkens gewachsenen Formen wurden als Bausteine in einen nach allen Seiten erweiterten Bau der Justiz eingefügt. So blieben die Relikte vergangener justizstaatlicher Anschauungen (die Entscheidungszuständigkeiten der ordentlichen Gerichte hinsichtlich geldwerter Ersatzforderungen vor allem) in gleicher Weise erhalten wie manche der der späteren gesetzesverwirklichenden Justiz eigenen Züge, so die freigiebige Schaffung von Sonderverwaltungsgerichten. Über diese gewordenen Strukturen wurde der neu und umfassend zur Grundnormwahrung berufene Verfassungsrichter gestellt.

Dieses Bild kunstvoll verwobener und verschlungener Rechtsschutzinstitutionen wird nochmals reicher, wenn auch die Stellung der in den Ländern wirkenden Gerichte mitgewürdigt wird. Die Bundesglieder haben bedeutsame Teile der Rechtsprechung in Staats- und Verwaltungssachen in ihren Händen behalten. Dabei darf freilich das wirkliche Gewicht der von den Ländern ausgeübten Rechtsprechung nicht nach dem Umfange der ihnen verbliebenen organisatorischen Selbständigkeit gemessen werden. Die weitgehend bundesrechtlich gebundenen Oberverwaltungsgerichte wirken vielleicht noch stärker als die frei geschaffenen Landesverfassungsgerichte. In einer Weise, wie sie wohl nur noch im großen nordamerikanischen oder im kleinräumigen schweizerischen Bundesstaat eine Parallele findet, kommt auch den Urteilen der Landesgerichte rechtsschöpfende Bedeutung zu. Bundesverwaltungsgericht und Landesverwaltungsgerichte stehen im lebendigen Gespräch.

Und so darf wohl abschließend gesagt sein: eine an die Grenze des Überschaubaren reichende und doch sinnvoll gefügte Vielfalt richterlicher Entscheidungsformen und Einwirkungsmöglichkeiten kennzeichnet das Bild der das öffentliche Recht schützenden deutschen Justiz.

Die Nation als Rechtsgemeinschaft

Dieser Ausblick mag einer letzten Frage rufen. Bedeutet die Hinwendung zum Richter, auch wenn sie mit einer Einebnung überkommener politischer Strukturen einhergeht, im letzten und mit dem Blick auf ein längeres Werden nicht doch eine Festigung der äußeren Gemeinschaft, eine Vertiefung des Gedankens der Ordnung und damit eine neue Hoffnung auf ein nach menschlichen Maßen gestaltetes soziales Dasein? — Zweierlei wird zu bedenken sein:

Einmal drängt sich die schlichte Feststellung auf, daß wir noch immer nur den Anfang des Werkes zu erkennen vermögen. Unserer Zeit liegt wartendes Reifen nicht. Sie will Ergebnisse, bevor eine Tat getan ist; sie will Gewissheit über das Ende, sobald eine Saat zu sprießen beginnt. Zehn Jahre sind ein kurzes Maß. Die gestaltende Arbeit, die das Gericht, dessen Feier wir begehen, in dieser Zeit vollbracht hat, die vielfältigen Anregungen, die es gab, der dankbare und reiche Widerhall, den es weit über Deutschland hinaus gefunden hat, mögen über die Kürze dieses Zeitraumes hinwegtäuschen. Und doch wird das Getane, so reich und groß es ist, erst einer späteren Zeit zur Erfüllung werden können. Erst eine kommende Generation wird ernten, was die Vertiefung der Rechtsidee an Früchten bringt. Der Generation, die noch im Kampfe stand, die das Bestehende mitgestaltet hat, muß die Einbringung der reifen Früchte versagt bleiben. Für sie kann es nur ein mutiges Fortschreiten auf dem einmal eingeschlagenen Wege geben.

Und nicht minder bedeutsam ist eine Besinnung auf die Lage der Umwelt. Die Zeit des Nationalstaates ist vorbei. Als neue Wirklichkeit wächst sichtbar die Europäische Gemeinschaft heran.

Es ist eine Gemeinschaft, der die politische Gestalt und die konstitutionelle Form nicht vorenthalten bleiben wird. Die werdende Einheit nimmt den sich eingliedernden Staaten nicht nur Befugnisse und Teile ihrer Souveränität weg; sie erschließt ihnen zugleich neue geistige Räume. Dem Verlust entspricht ein vielfältiger Gewinn. Es wird den Staaten gegeben, sich im Schutze einer erweiterten mächtigen Einheit, eingebettet in tragende Strukturen, neu zu gestalten und neu zu verwirklichn. Was im äußeren Geschehen als hartes Ende erscheinen mag, öffnet den Raum zur Entfaltung nach der Höhe und nach der Tiefe. Der Rechtsstaat birgt in sich die Möglichkeit, solche Vollendung zu bringen.

Einem Volk — und das ist meine feste Zuversicht —, das dem Rechte freieste Entfaltung gibt und das sich im tiefsten Sinne zur Rechtsgemeinschaft formt, wird auch der Weg zu sich selbst erschlossen sein. Im Spiegel des Rechts finden sich alle Kräfte und alle Geheimnisse des menschlichen Daseins wieder.

VERÖFFENTLICHUNGEN DER VEREINIGUNG DER DEUTSCHEN STAATSRECHTSLEHRER

13. Heft: **Der deutsche Staat im Jahre 1945 und seither**
Die Berufsbeamten und die Staatskrisen
Berichte von A. Freiherr VON DER HEYDTE, GÜNTER DÜRIG, RICHARD NAUMANN, HANS SPANNER. Oktav. 202 Seiten. 1955. DM 18,—

14. Heft: **Die Finanzverfassung im Rahmen der Staatsverfassung**
Verwaltung und Verwaltungsrechtsprechung
Berichte von KARL M. HETTLAGE, THEODOR MAUNZ, ERICH BECKER, HELMUT RUMPF. Oktav. 219 Seiten. 1956. DM 19,60

15. Heft: **Das Gesetz als Norm und Maßnahme**
Das besondere Gewaltverhältnis
Berichte von CHRIST.-FRIEDR. MENGER, HERBERT KRÜGER, HERBERT WERHAHN, CARL HERMANN ULE. Oktav. III, 235 Seiten. 1957. DM 21,50

16. Heft: **Parlament und Regierung im modernen Staat**
Die Organisationsgewalt
Berichte von ERNST FRIESENHAHN, KARL JOSEF PARTSCH, ARNOLD KÖTTGEN, FELIX ERMACORA. Oktav. 283 Seiten. 1958. DM 24,—

17. Heft: **Die verfassungsrechtliche Stellung der politischen Parteien im modernen Staat**
Das Verwaltungsverfahren
Berichte von KONRAD HESSE, GUSTAV E. KAFKA, KARL AUGUST BETTERMANN, ERWIN MELICHAR und Aussprache zu den Berichten. Oktav. 255 Seiten. 1959. DM 24,—

18. Heft: **Das Grundgesetz und die öffentliche Gewalt internationaler Staatsgemeinschaften**
Der Plan als verwaltungsrechtliches Institut
Berichte von GEORG ERLER, WERNER THIEME, MAX IMBODEN, KLAUS OBERMAYER. Oktav. 225 Seiten. 1960. DM 21,50

19. Heft: **Verträge zwischen Gliedstaaten im Bundesstaat**
Schranken nichthoheitlicher Verwaltung
Berichte von HANS SCHNEIDER, WILFRIED SCHAUMANN, WALTER MALLMMANN, KARL ZEIDLER und Aussprache zu den Berichten. Oktav. IV, 291 Seiten. 1960. DM 30,—

20. Heft: **Prinzipien der Verfassungsinterpretation**
Gefährdung im Öffentlichen Recht
Berichte von PETER SCHNEIDER, HORST EHMKE, GÜNTHER JAENICKE, WALTER LEISNER und Aussprache zu den Berichten. Oktav. IV, 288 Seiten. 1963. DM 36,—

Angaben über Heft 1—12 auf Anfrage

WALTER DE GRUYTER & CO. · BERLIN 30

Wörterbuch des Völkerrechts

Begründet von Prof. Dr. Karl Strupp

in völlig neu bearbeiteter Auflage
herausgegeben von Prof. Dr. iur. **Hans-Jürgen Schlochauer**
unter Zusammenarbeit mit den Professoren Dr. Herbert
Krüger, Dr. Hermann Mosler, Dr. Ulrich Scheuner in Verbindung mit der Deutschen Gesellschaft für Völkerrecht.

3 Bände und 1 Registerband. 1960—1962. Lexikon-Oktav.
Halbleder DM 620,—. Wird nur komplett abgegeben.

Band　**I** Aachener Kongreß bis Hussar-Fall
XX, 800 Seiten. 1960.

Band　**II** Ibero-Amerikanismus bis Quirin-Fall
XV, 815 Seiten. 1961.

Band III Rapallo-Vertrag bis Zypern
XII, 901 Seiten. 1962.

Registerband Inhaltsverzeichnis (deutsch, englisch, französisch),
Fallstichwörterverzeichnis — Fälle-Verzeichnis — Sach-
verzeichnis — Mitarbeiterverzeichnis
IV, 141 Seiten. 1962.

„Das ‚Wörterbuch‘ ist ein Werk von großer wissenschaftlicher Bedeutung und für die theoretische und praktische Arbeit auf dem
Gebiet des Völkerrechts nicht zu entbehren, ebensowenig — neben
den Lehrbüchern — für das völkerrechtliche Studium. Aber auch
über die Kreise der Spezialisten und der Studierenden hinaus ver-
dient es die Aufmerksamkeit aller derer, die beruflich oder aus per-
sönlichem Interesse Belehrung in völkerrechtlichen Fragen suchen.
Das ‚Wörterbuch‘ ist eine unerschöpfliche Fundgrube.“

Juristenzeitung, Tübingen

WALTER DE GRUYTER & CO. · BERLIN 30

Schriftenreihe der Juristischen Gesellschaft e. V. Berlin

Bereits erschienen:

Montesquieu und die Lehre der Gewaltentrennung
Von Dr. MAX IMBODEN, Professor an der Universität Basel
Oktav. IV, 25 Seiten. 1959. DM 4,— (Heft 1)

Das Problem des Richterstaates
Von Professor Dr. FRITZ WERNER, Präsident des Bundesverwaltungsgerichts
Oktav. IV, 26 Seiten. 1960. DM 4,— (Heft 2)

Der deutsche Staat als Rechtsproblem
Von Rechtsanwalt Dr. ADOLF ARNDT, MdB
Oktav. IV, 46 Seiten. 1960. DM 6,80 (Heft 3)

Die Individualisierung der Strafen und Maßnahmen in der Reform des Strafrechts und des Strafprozesses
Von Professor Dr. ERNST HEINITZ, Senatspräsident beim Kammergericht
Oktav. IV, 28 Seiten. 1960. DM 4,— (Heft 4)

Parkinsons Gesetz und die deutsche Verwaltung
Von Dr. CARL HERMANN ULE, Professor an der Hochschule für Verwaltungswissenschaften, Speyer
Oktav. V, 37 Seiten. 1960. DM 5,50 (Heft 5)

Über Wesen, Technik und Grenzen der Verfassungsänderung
Von Dr. KARL LOEWENSTEIN, Professor der Rechts- und Staatslehre am Amherst College, Amherst, Mass. — emeritierter o. Professor für Politische Wissenschaft an der Universität München
Oktav. 64 Seiten. 1961. DM 8,— (Heft 6)

Grundgesetz und Internationalprivatrecht
Von Dr. GÜNTHER BEITZKE, Professor an der Universität Bonn
Oktav. 37 Seiten. 1961. DM 5,— (Heft 7)

Mißverständnisse um den Föderalismus
Von Professor Dr. WILLI GEIGER, Senatspräsident am Bundesgerichtshof, Richter am Bundesverfassungsgericht
Oktav. IV, 32 Seiten. 1962. DM 5,— (Heft 8)

Fortsetzung auf der 3. Umschlagseite

Staatsangehörigkeit und Staatenlosigkeit im gegenwärtigen Völkerrecht
Von Dr. Dr. PAUL WEIS, Leiter der Rechtsabteilung des Amtes des Flüchtlingshochkommissars der Vereinten Nationen, Genf
IV, 28 Seiten. 1962. DM 5,— (Heft 9)

Die Lehre von der Willensfreiheit in der strafrechtsphilosophischen Doktrin der Gegenwart
Von Dr. Dr. h. c. KARL ENGISCH, Professor an der Universität München
V, 66 Seiten. 1963. DM 10,— (Heft 10)

Gedanken zur Reform des Aktienrechts und des GmbH-Rechts
Von Dr. Dr. h. c. ALFRED HUECK, o. Professor an der Universität München
IV, 24 Seiten. 1963. DM 5,— (Heft 11)

Probleme einer Neugliederung des Bundesgebietes
Von Dr. HANS SCHÄFER, Staatssekretär im Bundesministerium des Innern, Bonn.
IV, 31 Seiten. 1963. DM 6,— (Heft 12)

Mitglieder der Gesellschaft erhalten eine Ermäßigung von 30%. Alle Hefte der Reihe sind im Format Oktav.

DIE RECHTSPRECHENDE GEWALT

Wegmarken des Rechtsstaats in Deutschland

Eine Einführung von DIETER BRÜGGEMANN, Oberlandesgerichtsrat in Celle
Oktav. XVI, 196 Seiten. 1962. Ganzleinen DM 28,—

„Die besonderen Vorzüge des Buches liegen in der Beschränkung auf das Wesentliche, in der sparsamen, und deshalb um so eindrucksvolleren Heranziehung von Einzelheiten, in der klaren und eindringlichen Sprache. In vier Abschnitten behandelt der Verfasser den Kampf um den Rechtsstaat, die Grundfragen des rechtsstaatlichen Richteramts, den Rechtsstaat des Bonner Grundgesetzes und den Rechtsstaat als Aufgabe.
Zahlreiche Beispiele aus dem Tagesgeschehen . . . machen die Lektüre des Buches besonders fesselnd".
Prof. Dr. Ule in: Deutsches Verwaltungsblatt

WALTER DE GRUYTER & CO. · BERLIN 30
vormals G. J. Göschen'sche Verlagshandlung — J. Guttentag, Verlagsbuchhandlung — Georg Reimer — Karl J. Trübner — Veit & Comp.

www.ingramcontent.com/pod-product-compliance
Lightning Source LLC
Chambersburg PA
CBHW050652190326
41458CB00008B/2527